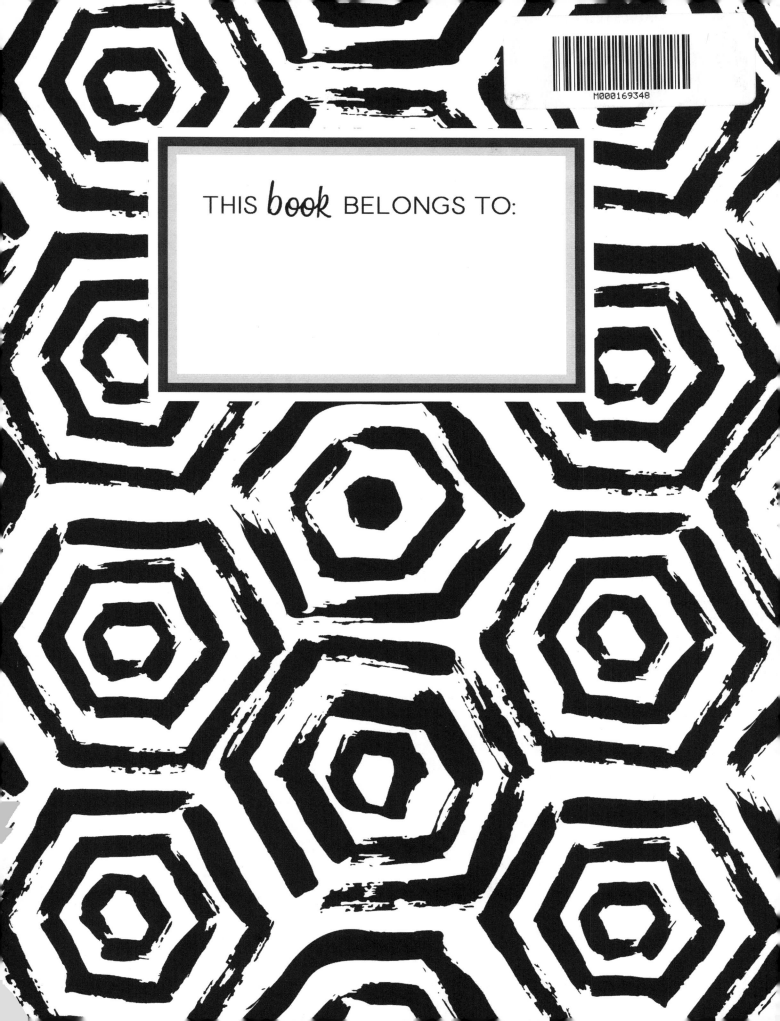

THIS *book* BELONGS TO:

Free Download

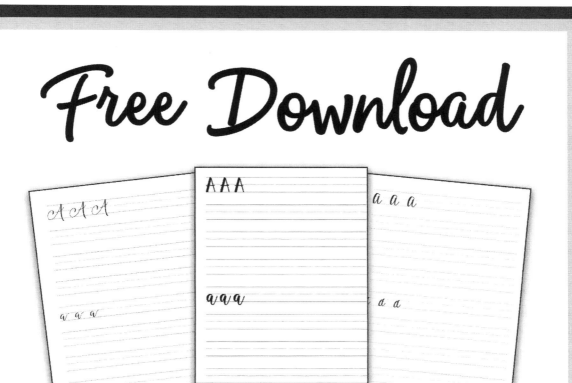

www.papeteriebleu.com/calligraphy

YOUR DOWNLOAD CODE: CA3478

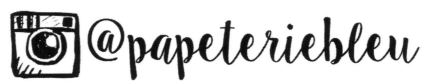 @papeteriebleu

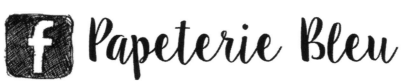 Papeterie Bleu

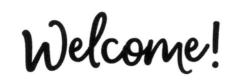

Welcome!

WELCOME TO CALLIGRAPHY AND HAND LETTERING VOLUME 1!

THIS BOOK IS MEANT TO INTRODUCE YOU TO CALLIGRAPHY AND HAND LETTERING–WHICH, AS YOU MAY KNOW, ARE SLIGHTLY DIFFERENT. CALLIGRAPHY IS THE FORMING OF UNIFORM LETTERS WHEREAS HAND LETTERING LETS YOU BREAK THE RULES A BIT AND TREAT EACH LETTER AS ITS OWN UNIQUE DESIGN. YOU'LL PRACTICE NOT ONLY THE BASICS OF BOTH CRAFTS BUT ALSO EXPLORE YOUR OWN STYLE OF CREATIVITY AND INFUSE IT INTO YOUR WORK.

YOU DON'T HAVE TO OWN A CALLIGRAPHY DIP PEN OR INKWELL–EVERYDAY PENS, MARKERS, PENCILS–ANYTHING THAT YOU ENJOY WRITING WITH WILL DO. SO, GRAB YOUR FAVORITE WRITING TOOL AND LET'S GET STARTED!

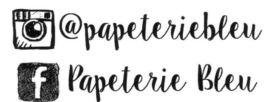

@papeteriebleu

Papeterie Bleu

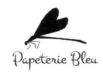

Papeterie Bleu

A A A

a a a

B B B

b b b

C C C

c c c

D D D

d d d

E E E

e e e

F F F

f f f

G G G

g g g

H H H

h h h

I I I

i i i

J J J

j j j

K K K

k k k

L L L

l l l

m m m

m m m

n n n

n n n

o o o

o o o

p p p

p p p

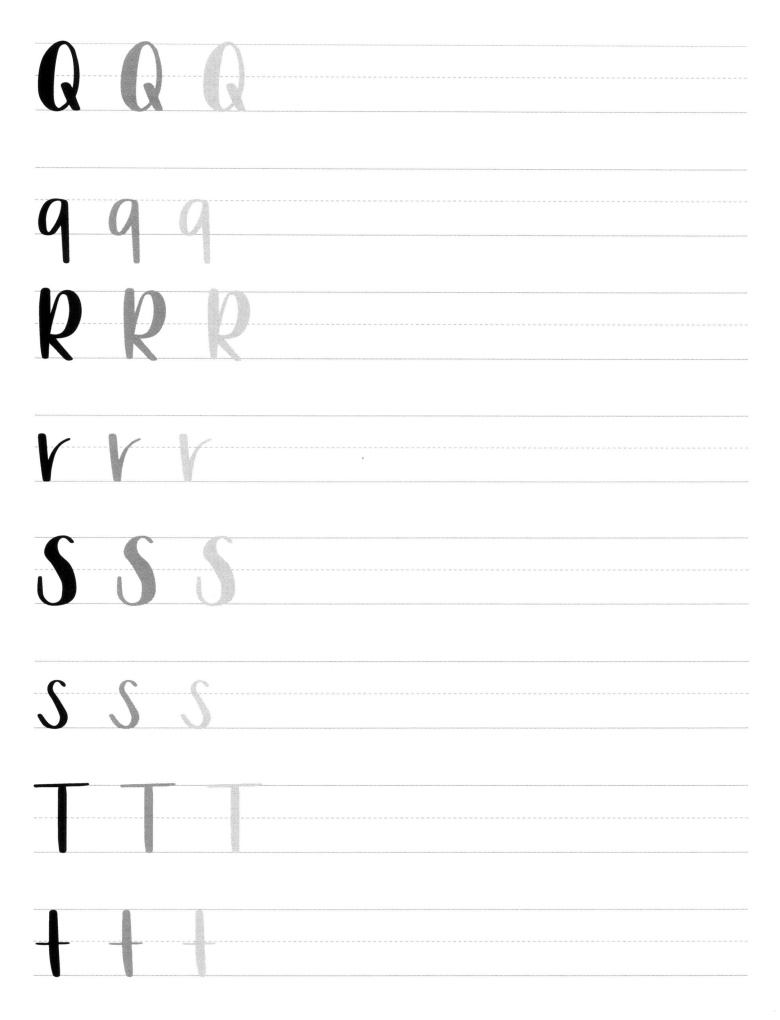

Q Q Q

q q q

R R R

r r r

S S S

s s s

T T T

t t t

u u u

u u u

v v v

v v v

w w w

w w w

x x x

x x x

y y y

y y y

z z z

z z z

l l l

2 2 2

3 3 3

4 4 4

5 5 5

6 6 6

7 7 7

8 8 8

9 9 9

0 0 0

A A A

a a a

B B B

b b b

C C C

c c c

D D D

d d d

E E E

e e e

F F F

f f f

G G G

g g g

H H H

h h h

I I I

i i i

J J J

j j j

K K K

k k k

L L L

l l l

M M M

m m m

N N N

n n n

O O O

o o o

P P P

p p p

Q Q Q

q q q

R R R

r r r

S S S

s s s

T T T

t t t

U U U

u u u

V V V

v v v

W W W

w w w

X X X

x x x

𝒴 𝒴 𝒴

𝓎 𝓎 𝓎

2 2 2

ʒ ʒ ʒ

1 1 1

2 2 2

3 3 3

4 4 4

5 5 5

6 6 6

7 7 7

8 8 8

9 9 9

0 0 0

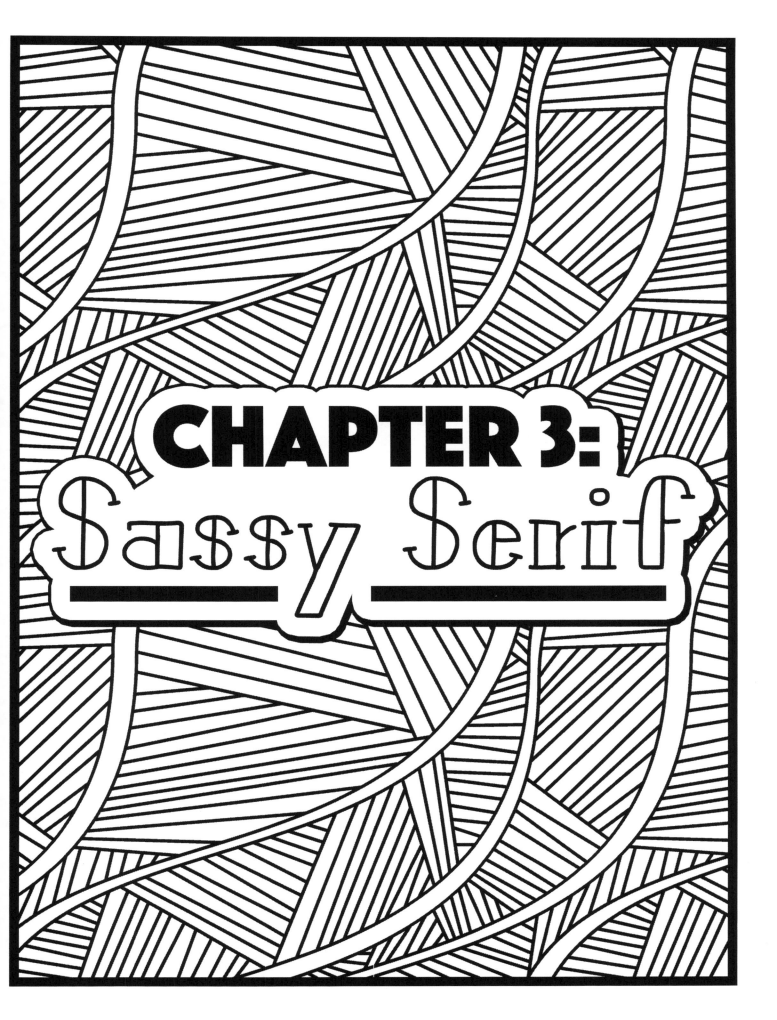

CHAPTER 3:
Sassy Serif

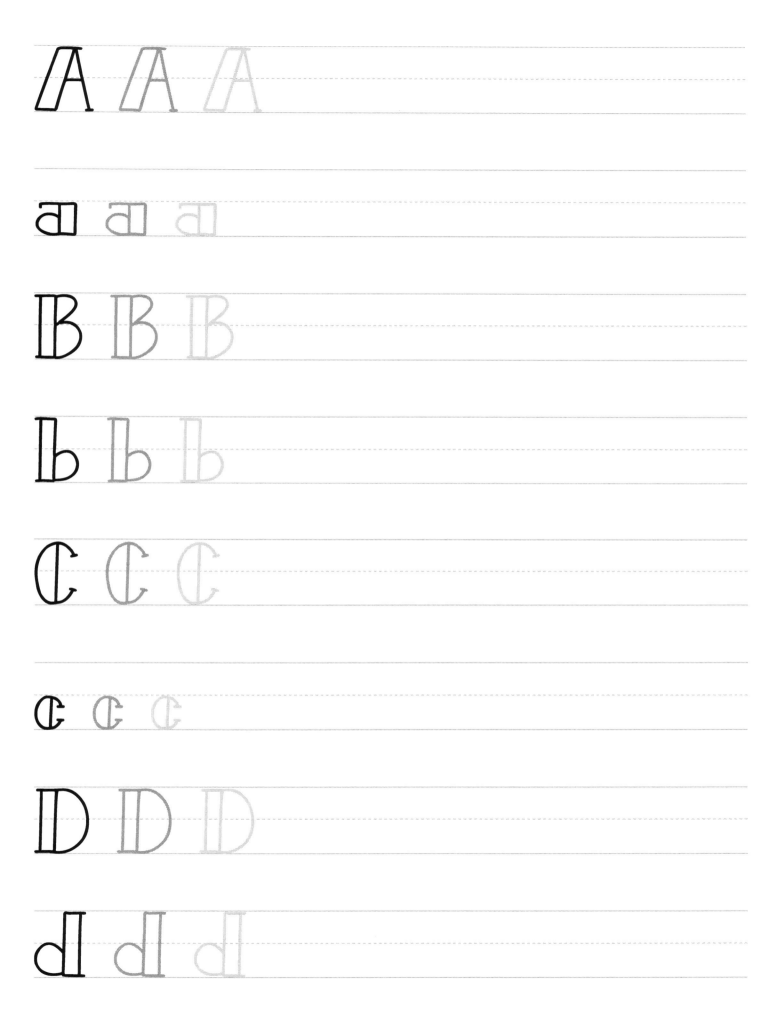

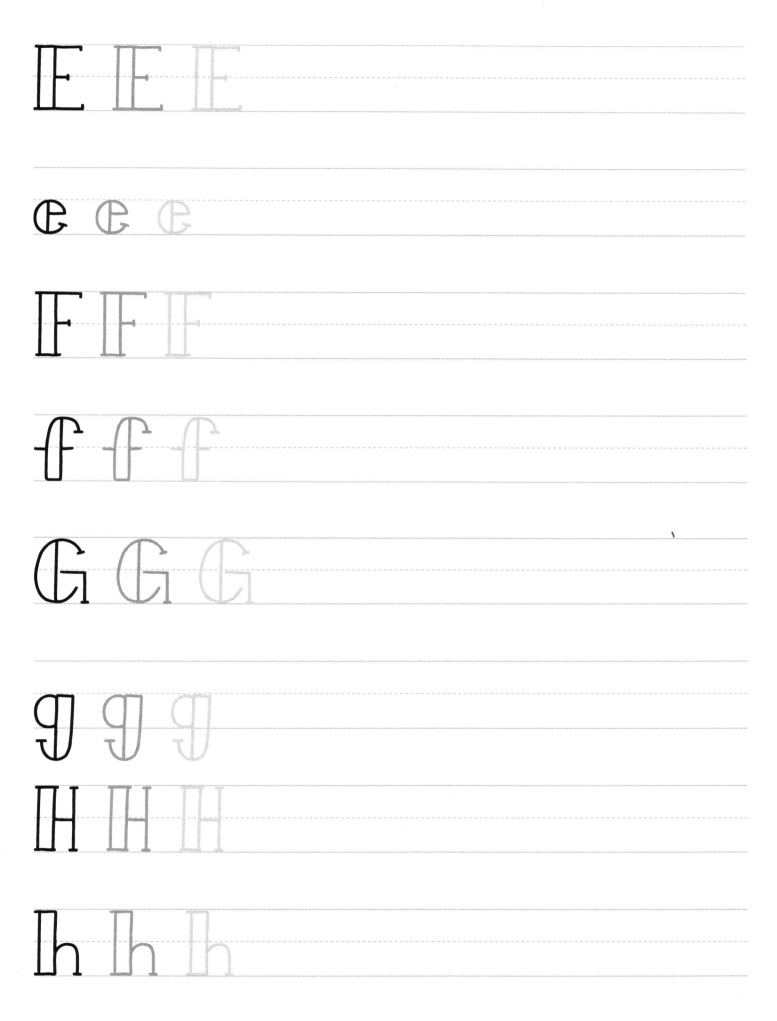

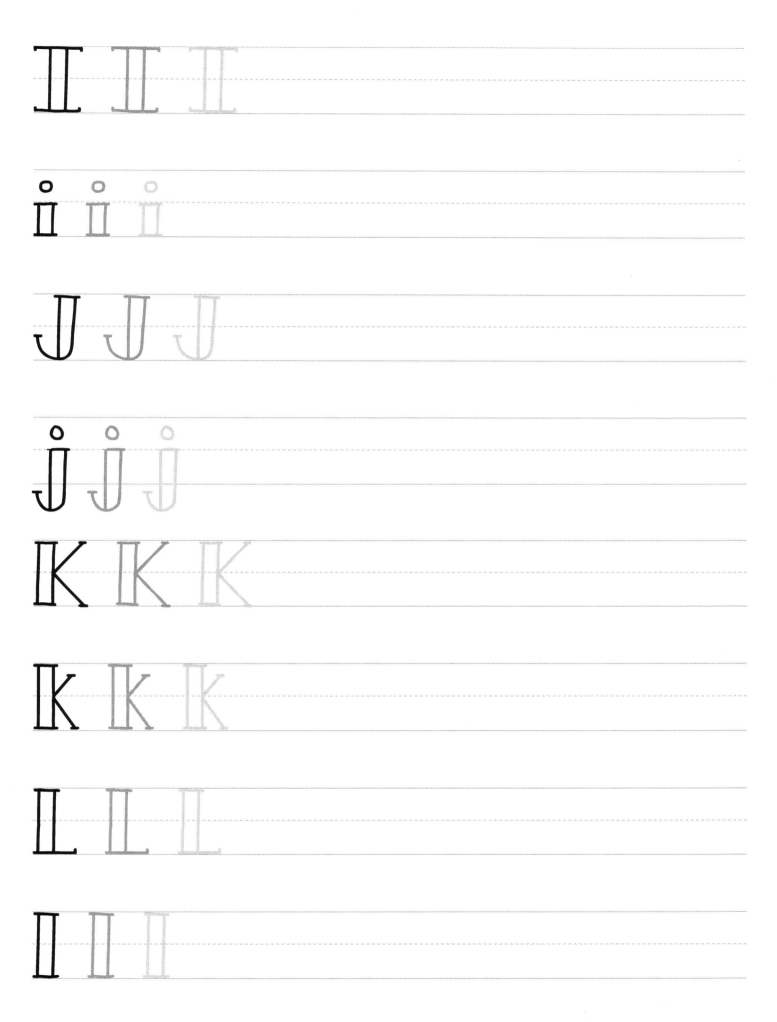

M M M

m m m

N N N

n n n

O O O

o o o

P P P

P P P

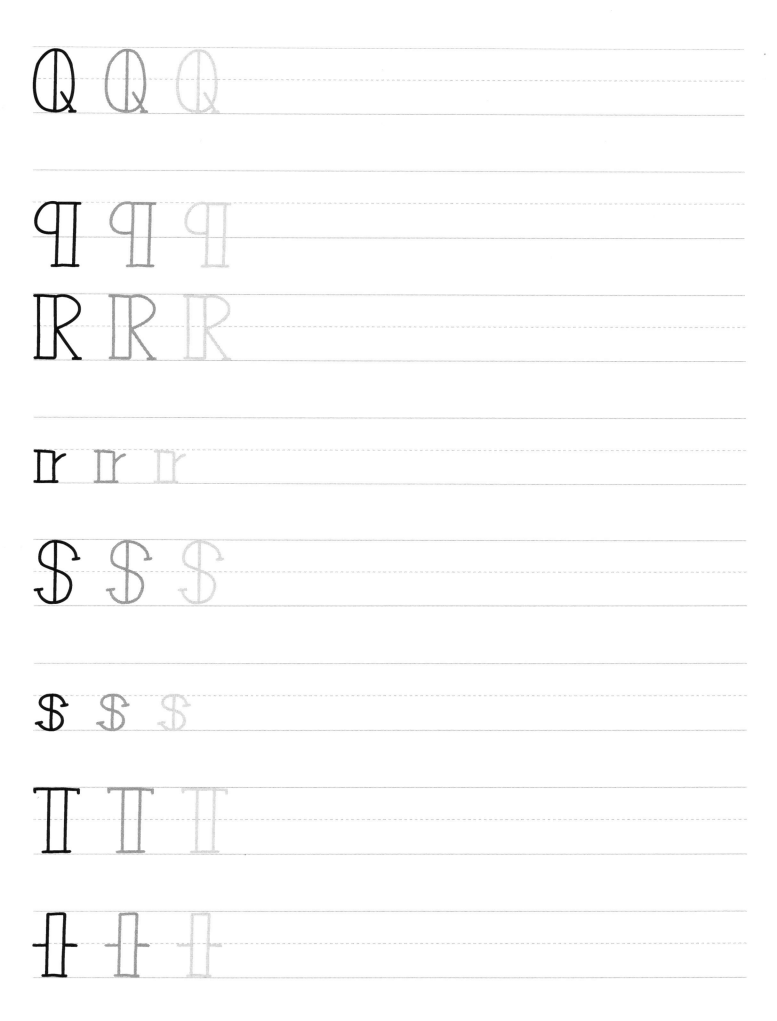

U U U

U U U

V V V

V V V

W W W

W W W

X X X

X X X

Y y y

y y y

Z Z Z

z z z

1 1 1

2 2 2

3 3 3

4 4 4

5 5 5

6 6 6

7 7 7

8 8 8

9 9 9

0 0 0

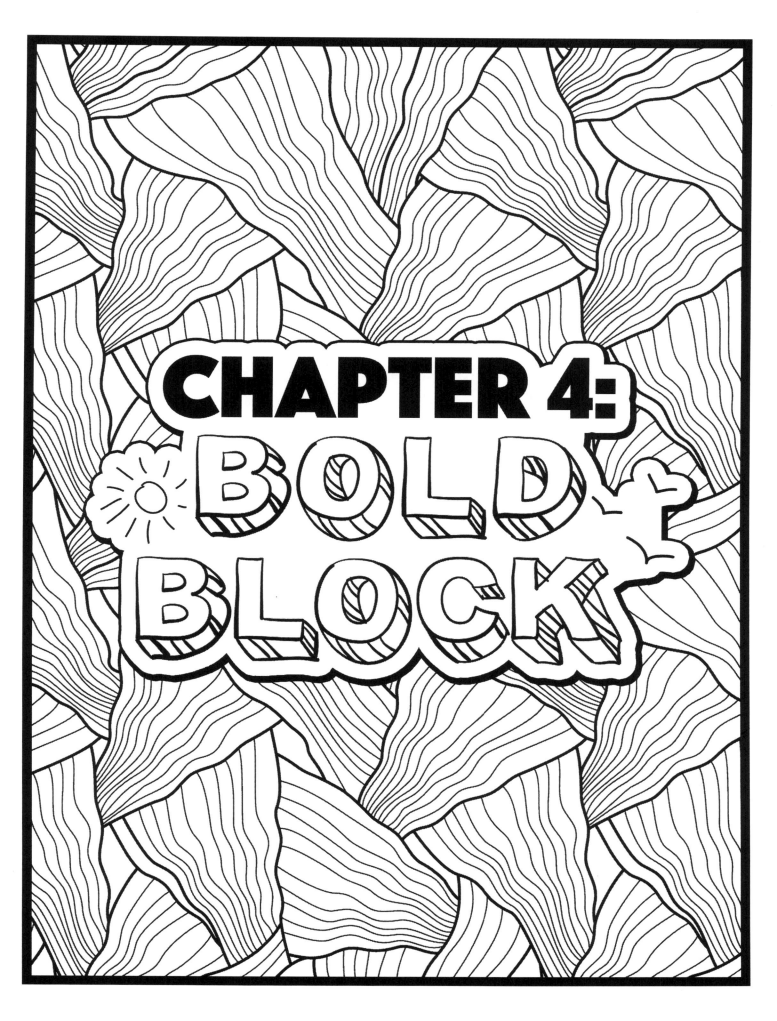

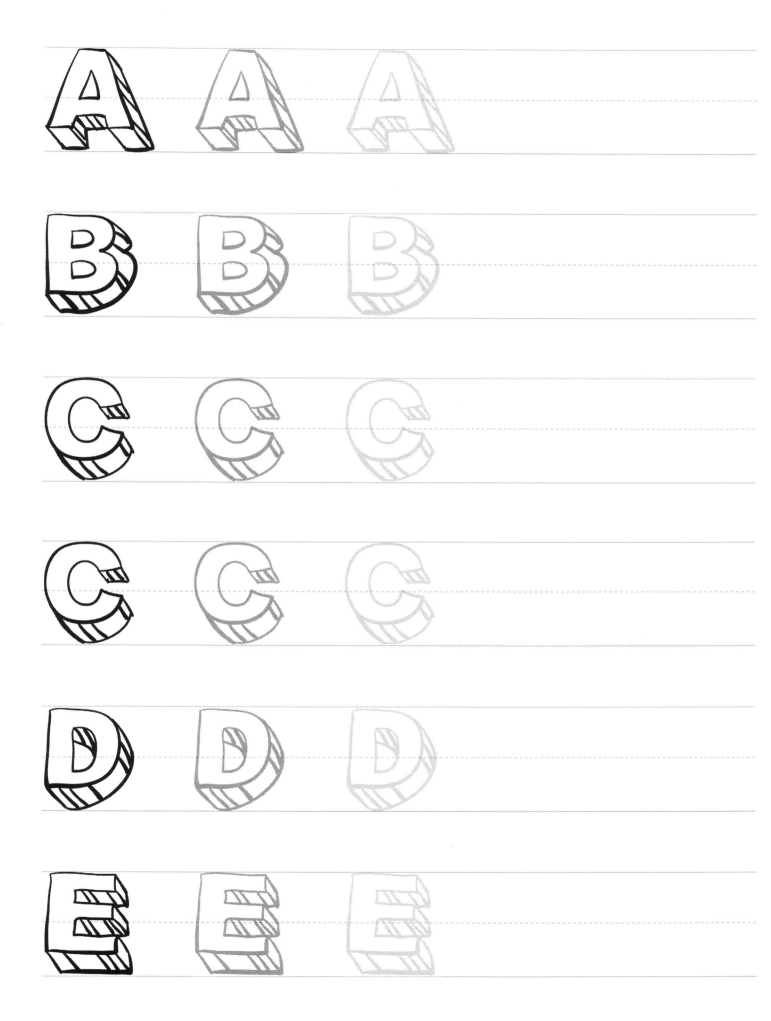

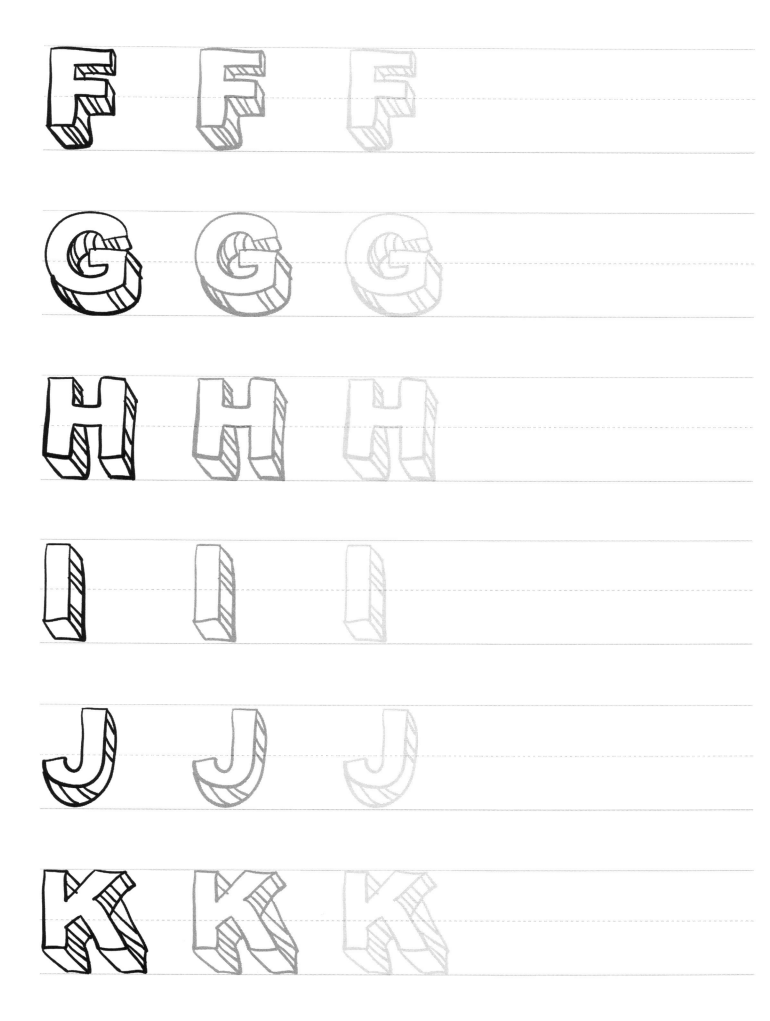

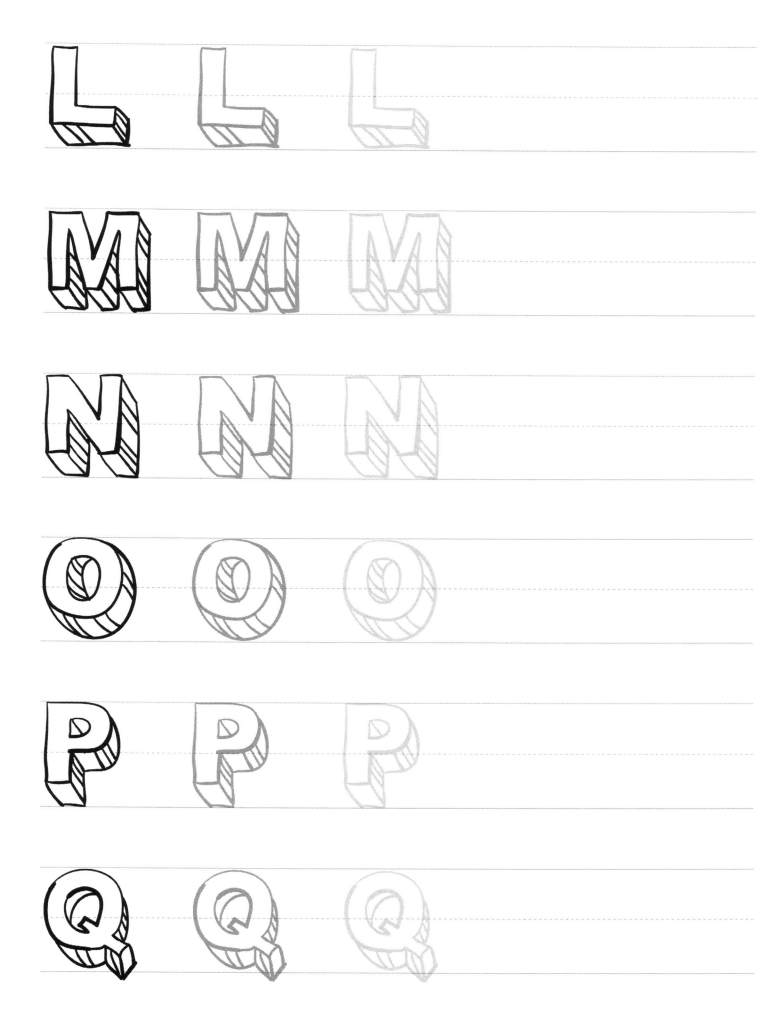

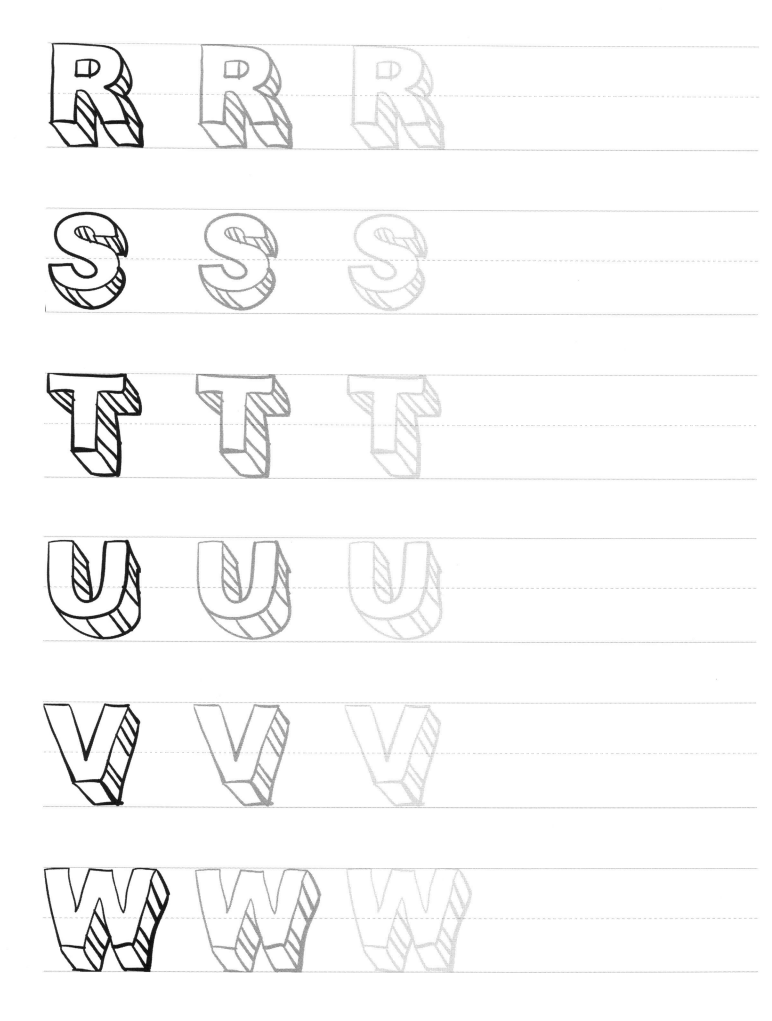

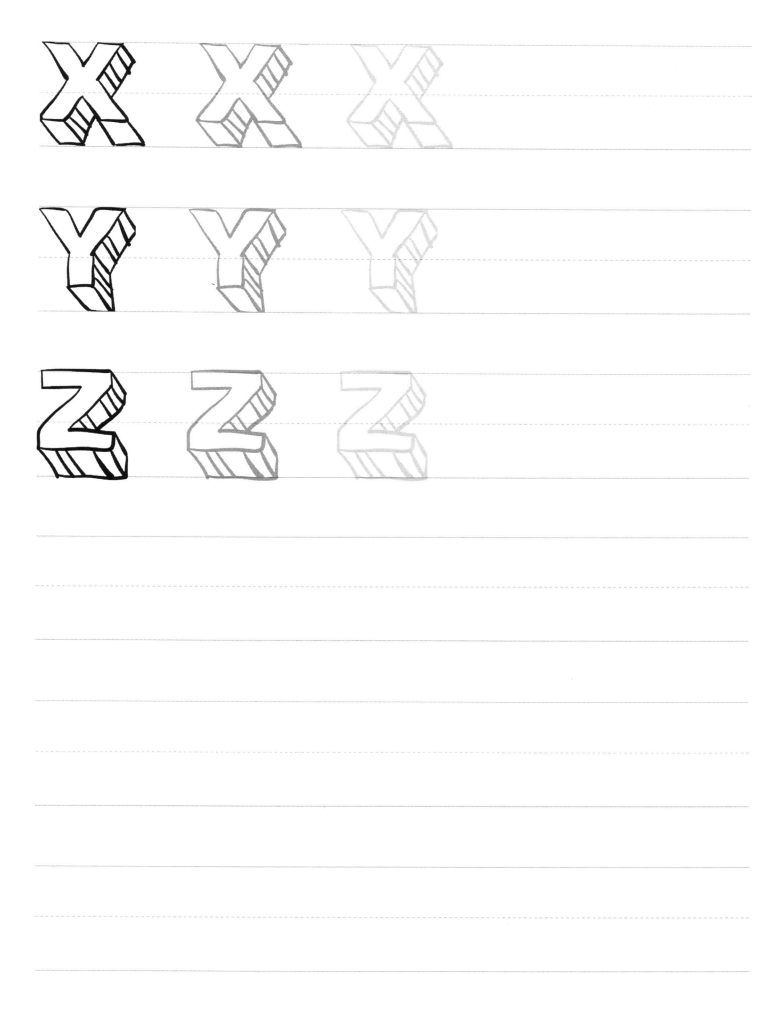

CHAPTER 5:
Sophisticated Scripts

Ca Ca Ca

Ca Ca Ca

B B B

b b b

C C C

C C C

D D D

d d d

E E E

e e e

F F F

f f f

G G G

G G G
H H H

h h h

J J J

i i i

J J J

j j j

R R R

k k k

L L L

l l l

M M M

m m m

N N N

n n n

O O O

o o o

S S S

S S S

T T T

t t t

U U U

u u u

V V V

v v v

W W W

w w w

X X X

x x x

1 1 1

2 2 2

3 3 3

4 4 4

5 5 5

6 6 6

7 7 7

8 8 8

9 9 9

0 0 0

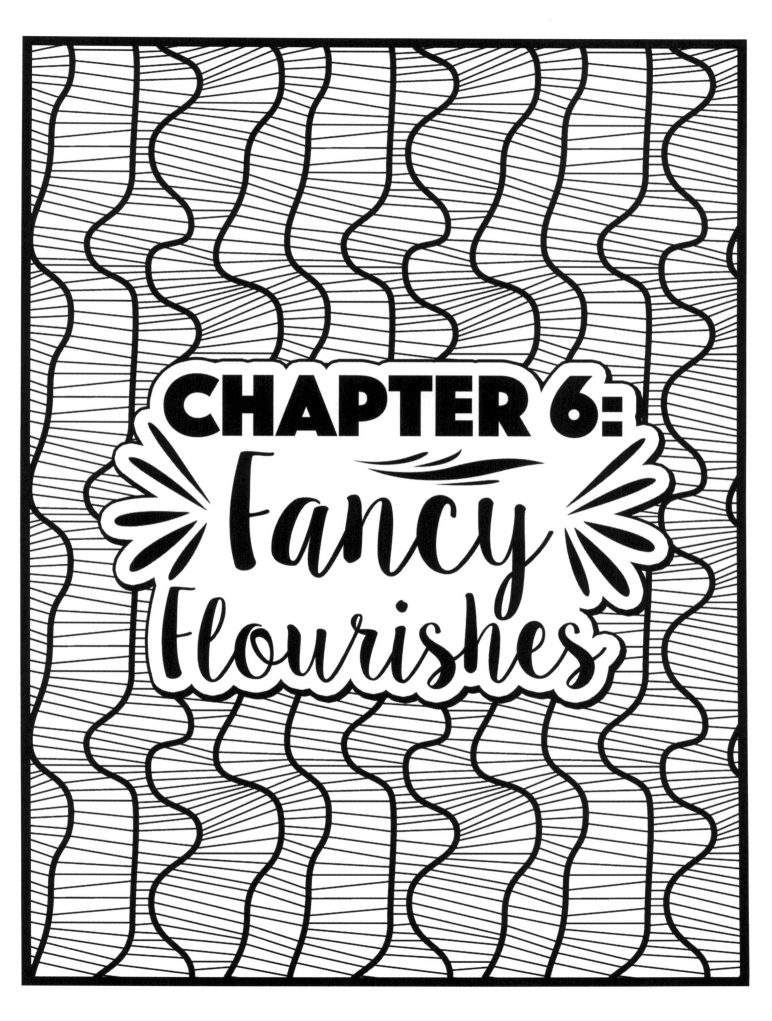

CHAPTER 6: Fancy Flourishes

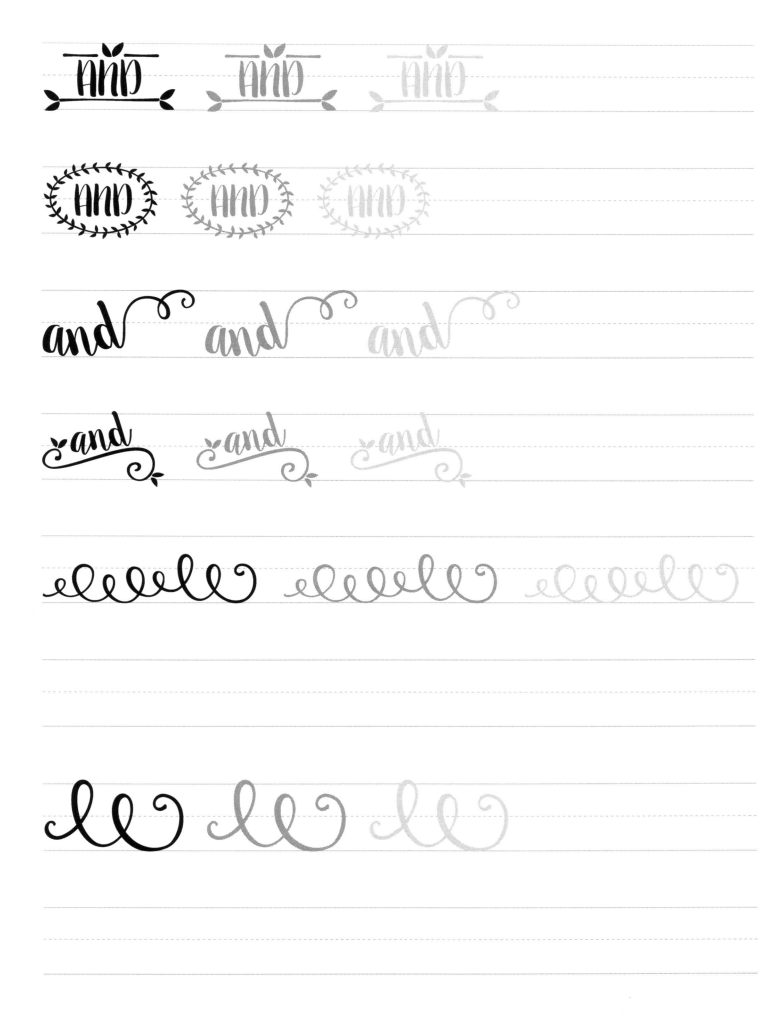

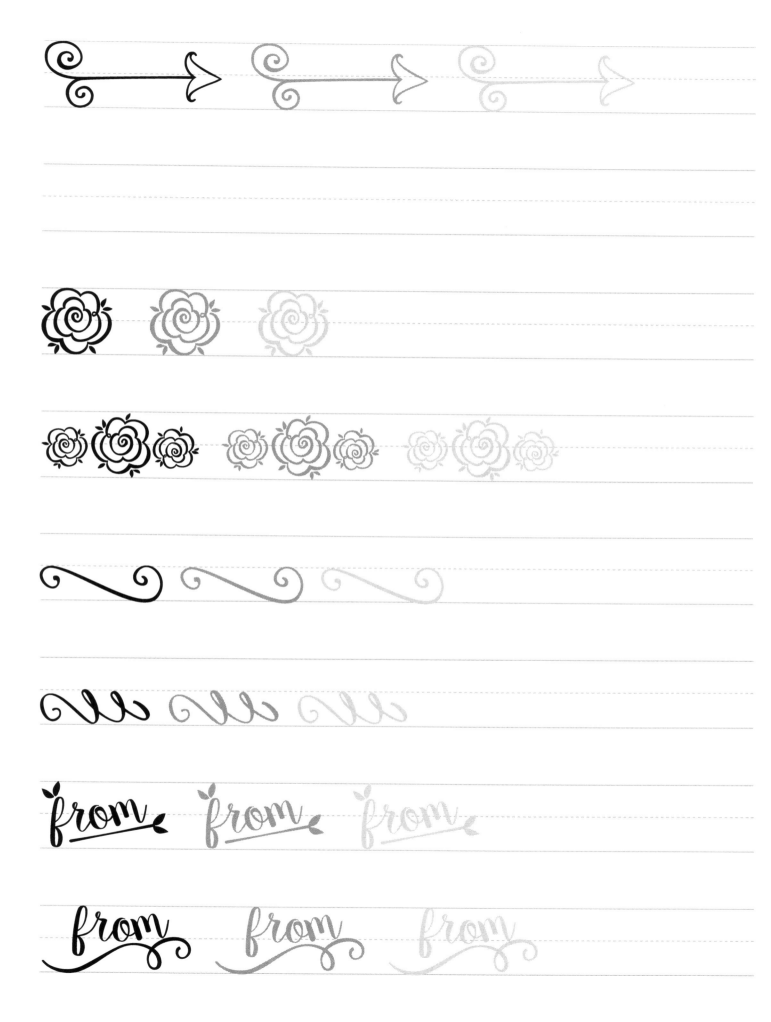

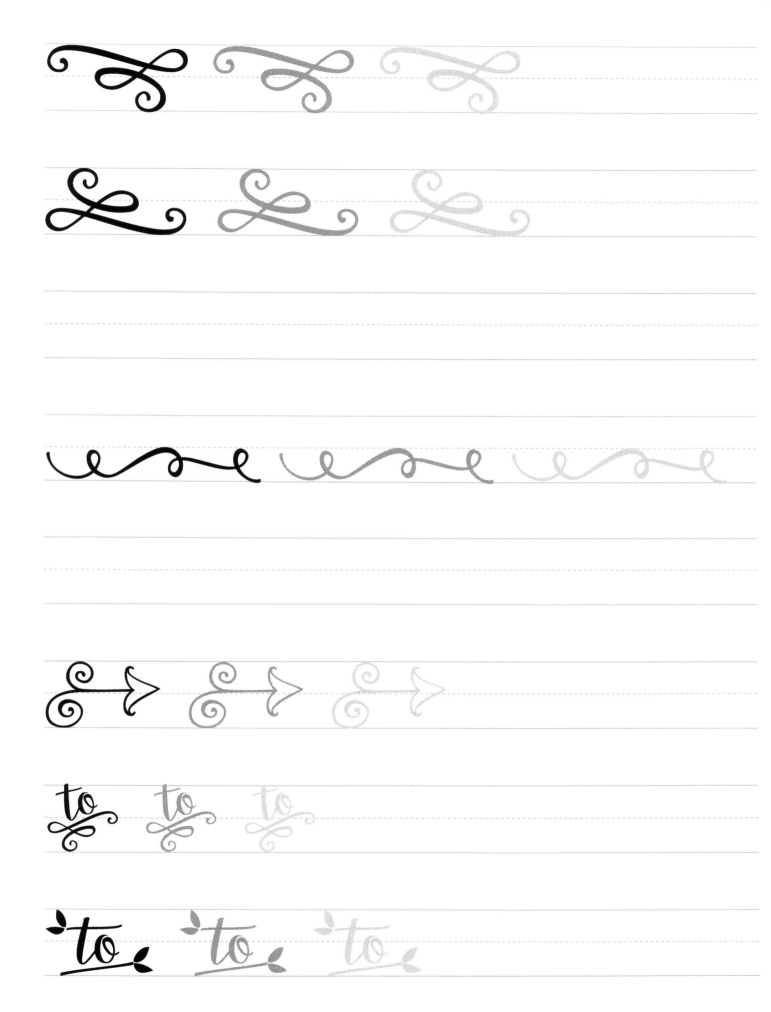

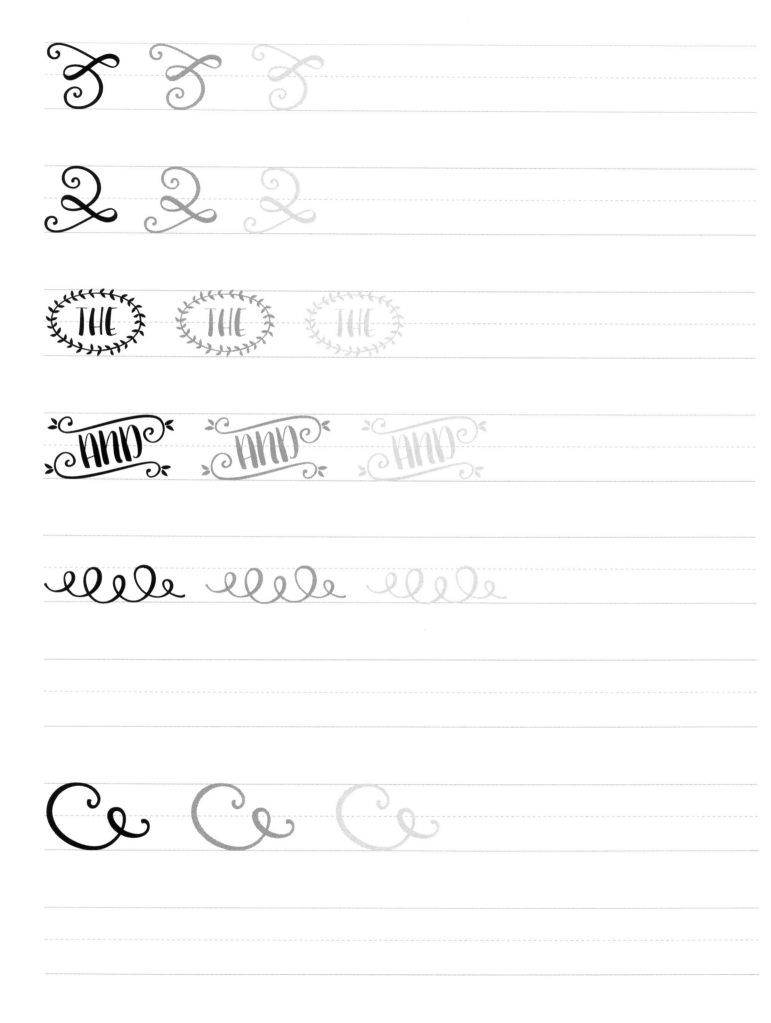

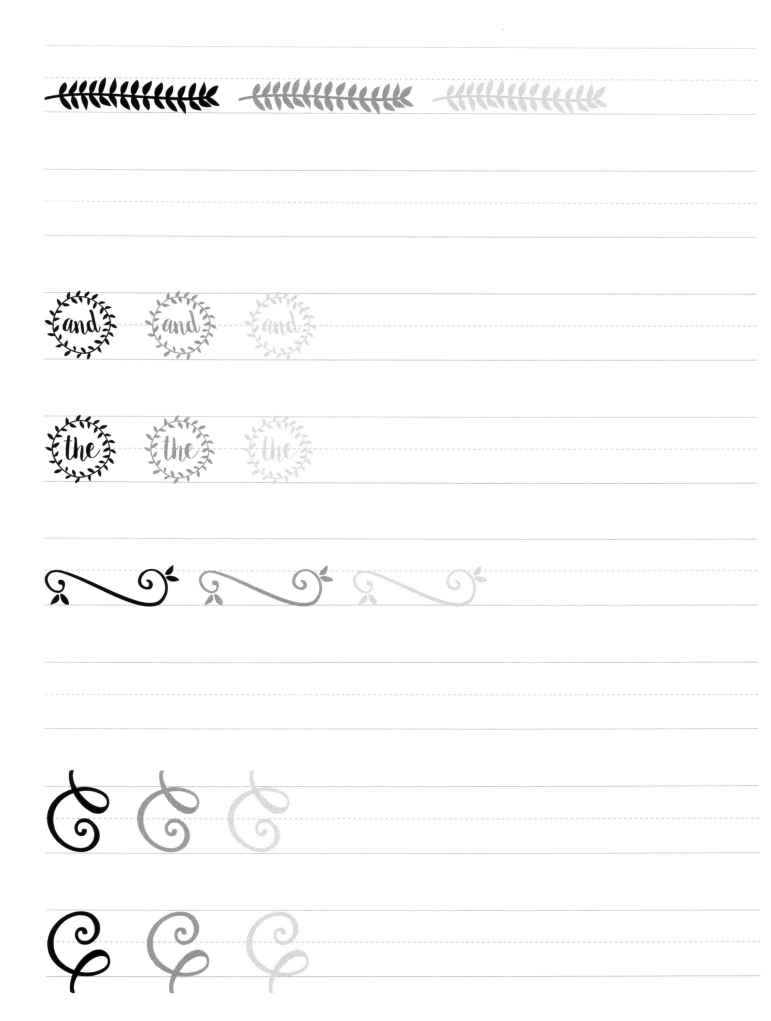

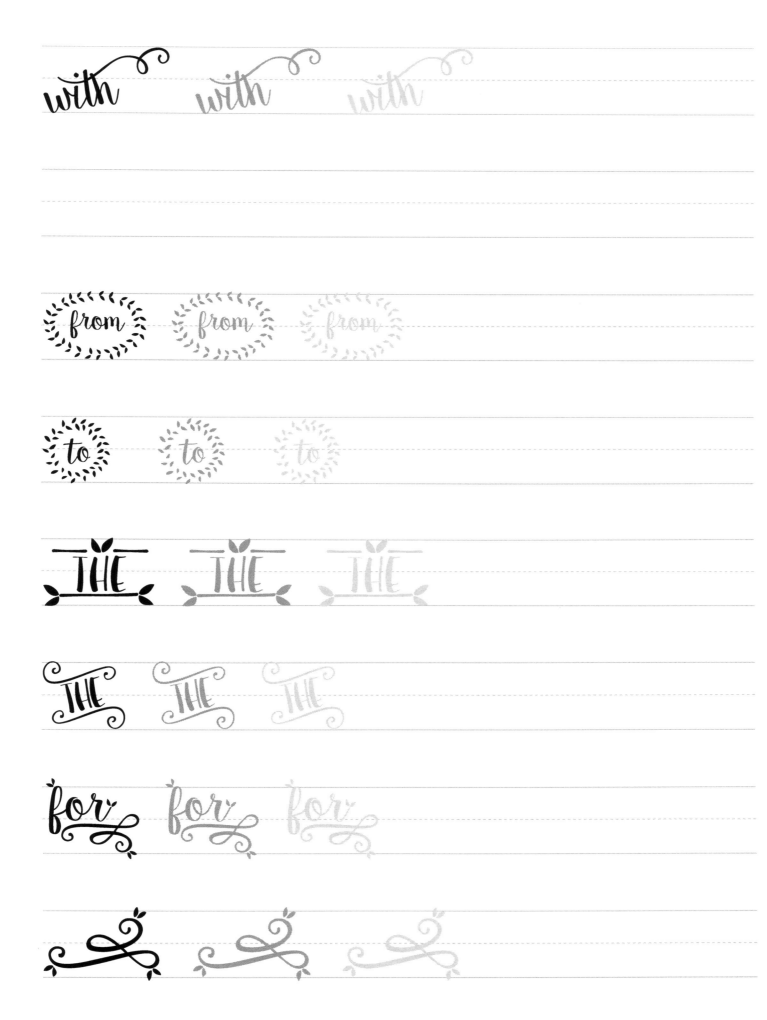

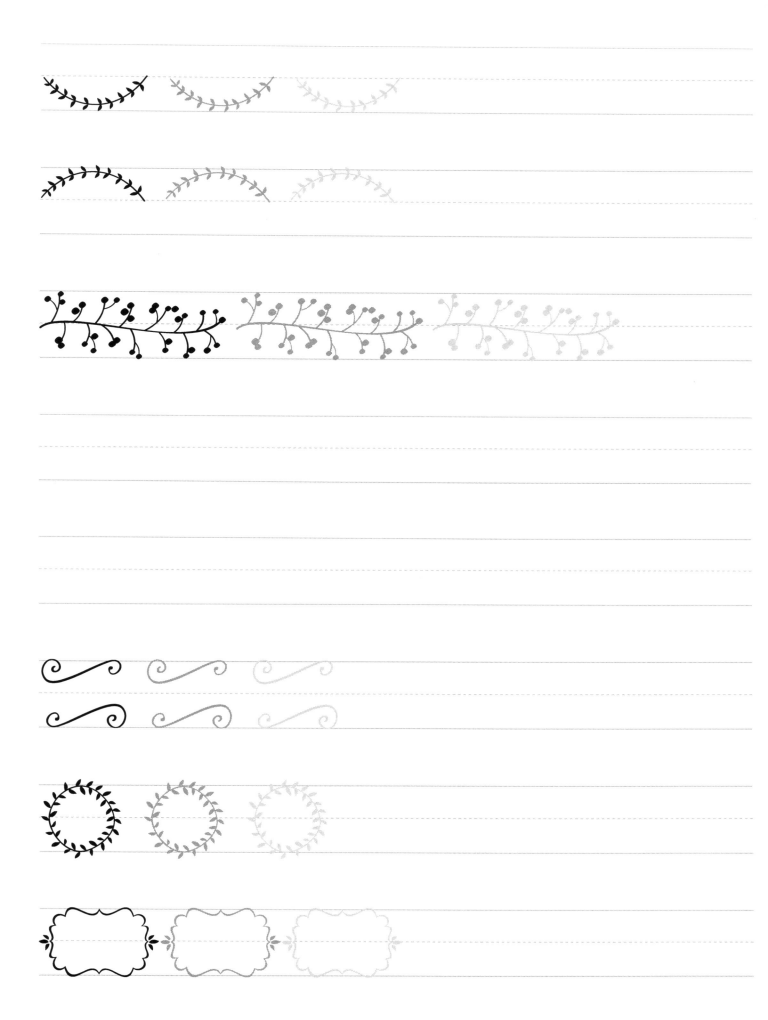

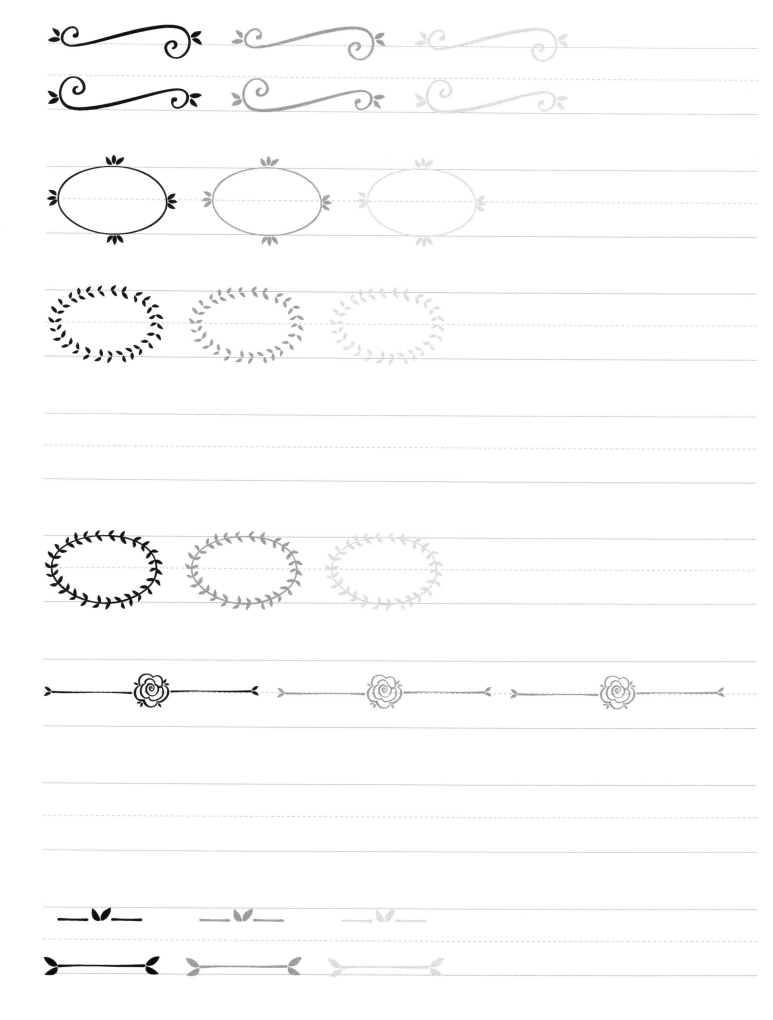